Inhaltsverzeichnis

Inhaltsverzeichnis

Einleitung	2
Coden mit dem Calliope mini	2

Mathematik	
Nachbarzahlen bestimmen mit dem Calliope mini	8

Sachunterricht	
Der Calliope mini als Taktgeber	14
Der Calliope mini als Stoppuhr	19

Deutsch	
Der Calliope mini als Rechtschreibtrainer	24

Mathematik	
Der Calliope mini und das Nim-Spiel	32

Tipps für deine eigenen Programm-Ideen	39
Das kleine Coding-Lexikon	43
Die wichtigsten Funktionen des Calliope mini	44

 Aufgabe im Heft   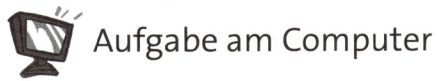 Aufgabe am Computer

 Aufgabe mit dem Calliope mini

Coden mit dem Calliope mini

Hallo! Ich bin Lio.
Hast du schon einmal gecodet?

Coden bedeutet, einem Computer Befehle zu erteilen, damit er genau das tut, was du von ihm erwartest. Das nennt man auch Programmieren.

Wenn die Computer in unserer Welt nicht richtig programmiert wären, gäbe es viel Durcheinander. Stell dir einmal vor, ein Taschenrechner würde Minus mit Plus verwechseln.

Auch der Calliope mini ist ein kleiner Computer. Mit ihm kannst du das Coden lernen. Du programmierst ihn mit dem Editor NEPO®.

Anschließend kannst du den Calliope mini praktisch einsetzen.
Lio mag das Miniklavier.

Coden mit dem Calliope mini

Erfolgreich coden in 8 Schritten

1. Internet-Browser öffnen

2. https://lab.open-roberta.org in die Adresszeile eingeben

3. „Calliope" auswählen

 Wähle dein System. Kreise es rot ein.

4. Ein Benutzerkonto anlegen oder öffnen

 Trage deinen Benutzernamen und dein Passwort hier ein.

5. Jedem neuen Programm einen Namen geben und abspeichern

6. Coden und immer wieder zwischendurch speichern

7. Simulation nutzen

8. Code auf den Calliope mini übertragen und das Programm ausführen

Unter „Bearbeiten" → „Meine Programme" kannst du deine gespeicherten Codes öffnen und weiterbearbeiten.

3

Coding-Wissen

Jedes Programm auf einem Computer ist nach dem gleichen Prinzip aufgebaut. Bei einem Taschenrechner lässt sich dies Prinzip gut erkennen.

Eingabe
Du tippst Zahlen in einen Taschenrechner.

Verarbeitung
Der Taschenrechner verarbeitet die Zahlen.

Ausgabe
Du erhältst das Ergebnis der Rechenaufgabe.

 1. Das Prinzip wird nach seinen Anfangsbuchstaben benannt. Trage die Buchstaben ein.

☐ ☐ ☐ - Prinzip

Auch der Calliope mini arbeitet nach diesem Prinzip.

 2. Male das Bild farbig aus.
Eingabe: **grün**
Verarbeitung: **gelb**
Ausgabe: **blau**

Die einzelnen Teile des Calliope mini haben unterschiedliche Aufgaben.

3. Umkreise die Begriffe mit den passenden Farben:
Eingabe – **Verarbeitung** – **Ausgabe**.

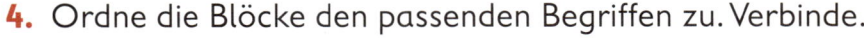

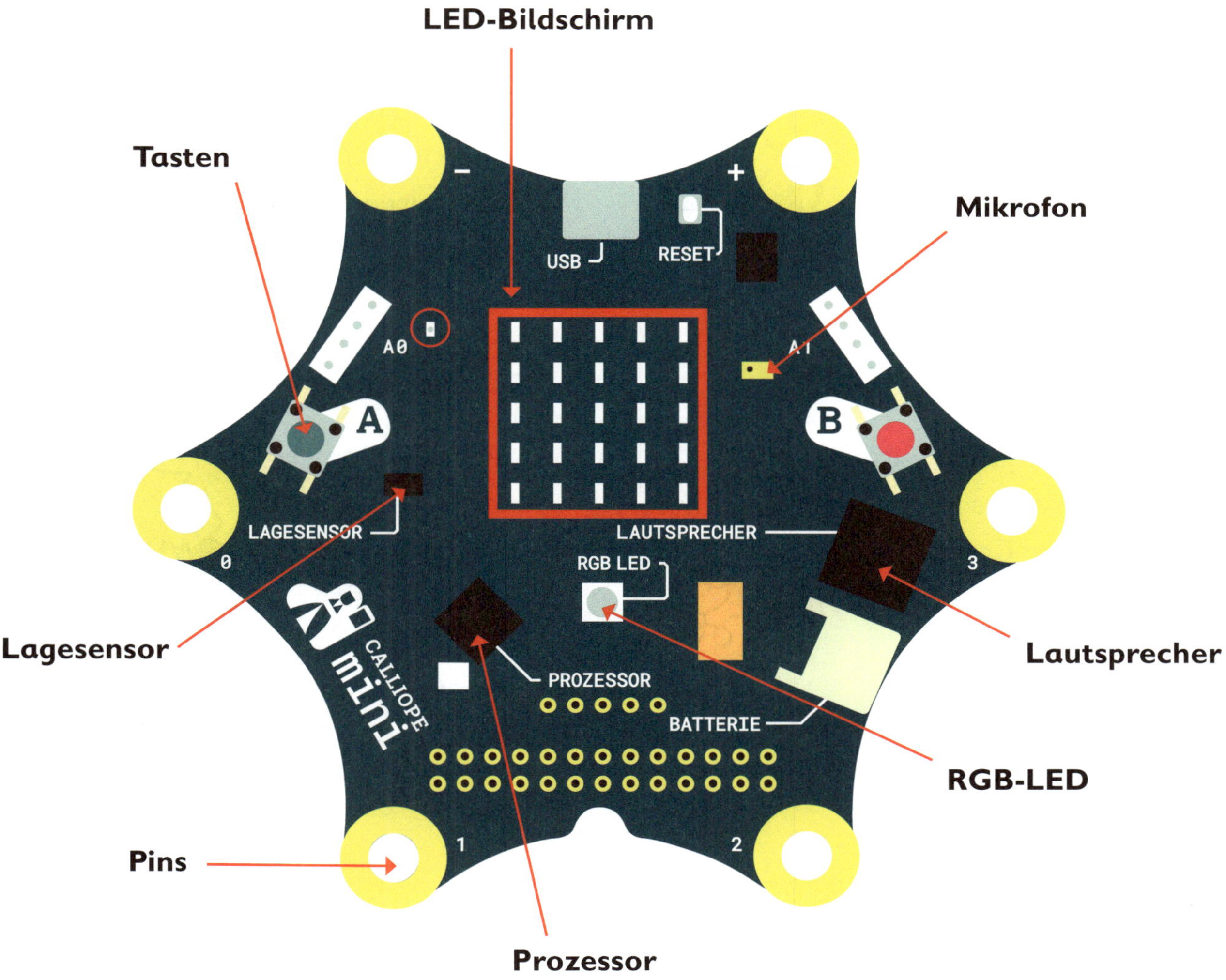
LED-Bildschirm
Tasten
Mikrofon
Lagesensor
Lautsprecher
RGB-LED
Pins
Prozessor
USB
RESET
A0
A1
A
B
LAGESENSOR
LAUTSPRECHER
RGB LED
PROZESSOR
BATTERIE
CALLIOPE
mini
0
1
2
3

Mit dem Editor NEPO® kannst du bestimmen,
wie die Teile des Calliope mini genutzt werden sollen.

4. Ordne die Blöcke den passenden Begriffen zu. Verbinde.

Aktion
Sensoren
Kontrolle
Logik
Mathematik
Text
Farben
Bilder
Variablen

- Eingabe
- Verarbeitung
- Ausgabe

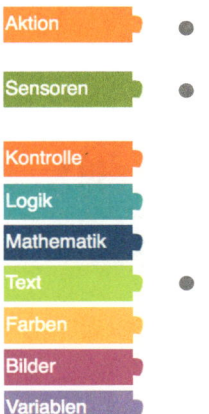

Die Welt des Codens hat ihre eigene Fachsprache.
Hier lernst du einige wichtige **Coding-Begriffe** kennen.

 5. Ordne die Fachbegriffe den Bildern zu:

Endlosschleife – Anweisung – Variable – Bedingung

Man beschreibt dem Computer eindeutig, was er ausführen soll. Dies nennt man:

Eine Anweisung wird ohne zu stoppen immer wieder ausgeführt. Dies nennt man:

A _____

_____

Eine Anweisung wird nur dann ausgeführt, wenn der Computer eine bestimmte Eingabe erhalten hat.
Dies nennt man:

Es gibt Behälter, in denen Werte (Zahlen, Worte …) abgelegt werden, mit denen der Computer später arbeiten soll.
Sie heißen:

_____

_____

Im Editor NEPO® sieht das zum Beispiel so aus:

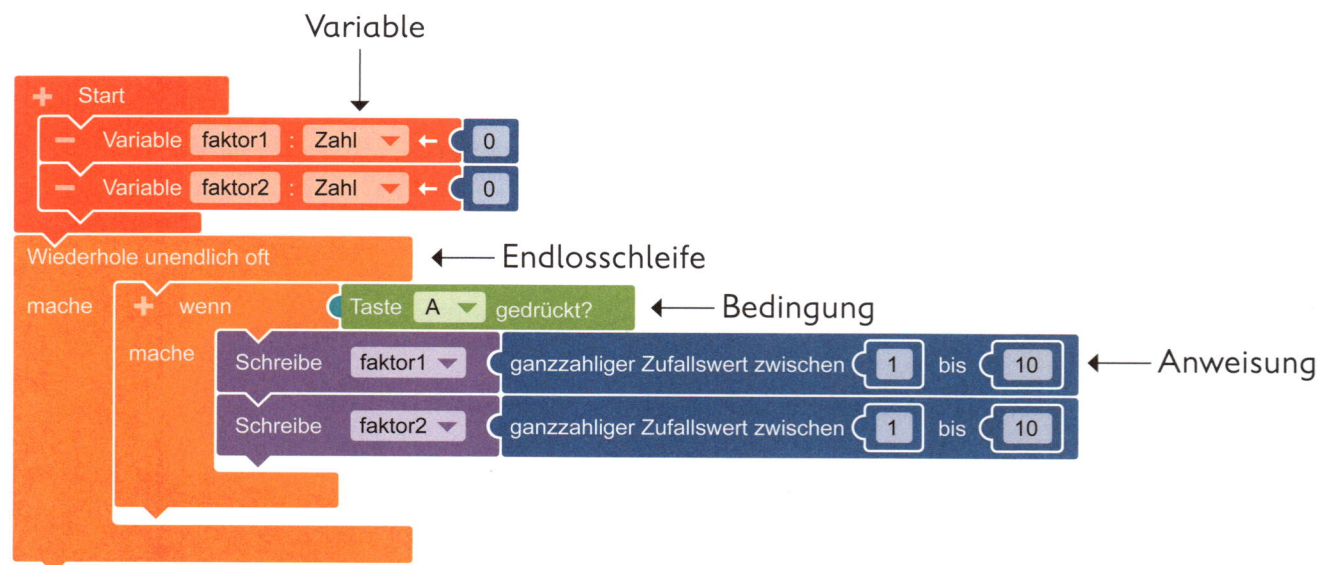

Coden mit dem Calliope mini

Was tun bei Pannen und Fehlern?

Ist es dir auch schon einmal passiert, dass einfach nichts mehr funktionieren wollte?

Beim Coden gibt es Pannen- und Fehlermöglichkeiten.
Das wissen alle, die schon einmal programmiert haben.

Manchmal liegt das Problem nicht an deinem Programm, sondern …

 oder  oder …

Mein Tipp:
Mit Geduld auf Fehlersuche gehen und immer wieder neu probieren.

In diesem Heft findest du fünf spannende Coding-Ideen.
Du kannst sie nachprogrammieren, verändern oder auch erweitern.

Trau dir ruhig zu, auch ganz eigene Codes zu erfinden!
Auf Seite 39 findest du hierzu einige Tipps.

Viel Erfolg!

Nachbarzahlen bestimmen mit dem Calliope mini

Lio beim Wettlauf

Lio will einen Wettlauf organisieren. Dazu bedruckt Lio T-Shirts mit Startnummern. Bei jedem T-Shirt muss die Nummer neu in den Computer eingegeben werden. Das ist ganz schön mühsam. Vielleicht kann Lio ein Programm schreiben, das ganz schnell Nachbarzahlen ausgibt.

Die Rechenmaschine

Ein Computer kann blitzschnell Matheaufgaben lösen. Dazu muss ein Mensch ihm vorher einprogrammiert haben, was er rechnen soll. Um Nachbarzahlen zu bestimmen, soll der Computer eine Zahl +1 oder −1 rechnen.

Der Code

Wenn der Pin 2 des Calliope mini berührt wird, soll eine Zufallszahl auf dem LED-Bildschirm angezeigt werden. Durch Drücken der Taste A soll deren Vorgänger ausgegeben werden.

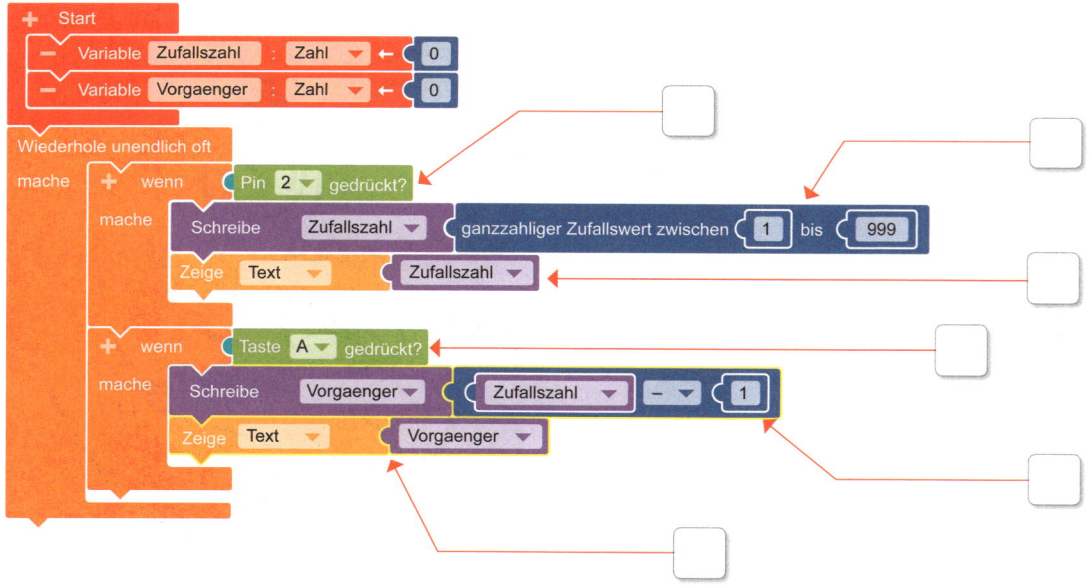

1. Trage die Buchstaben E (Eingabe), V (Verarbeitung) und A (Ausgabe) in die Kästchen ein. Jeder Buchstabe kommt zweimal vor.

Nachbarzahlen bestimmen mit dem Calliope mini

  2. a) Programmiere diesen Code im Editor NEPO® ☐ nach.
Gehe dabei Schritt für Schritt vor.

- 👤 „Benutzer" öffnen
- „anmelden" anklicken
- Benutzername und Passwort eingeben
- 📄 „Bearbeiten" öffnen
- ☁️ „speichern unter" anklicken
- ✏️ Namen für das Programm vergeben
- „OK" anklicken

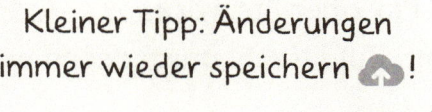
Kleiner Tipp: Änderungen immer wieder speichern ☁️!

- Damit immer wieder neue Zufallszahlen ausgegeben werden, brauchst du zwei Variablen.
Klicke dazu auf das „+" neben „Start".
Klicke das Wort „Element" an und tippe den Variablennamen „Zufallszahl" mit der Tastatur ein.
Wiederhole die beiden Schritte.
Gib der zweiten Variablen den Namen „Vorgaenger".

↑ Variable

Im Editor NEPO® müssen ä, ö und ü als ae, oe und ue geschrieben werden.

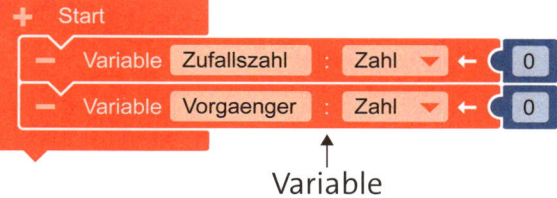

- Damit die Zufallszahlen unendlich oft ausgegeben werden können, brauchst du eine Endlosschleife.
Kontrolle → „Wiederhole unendlich oft/mache"

- Wenn eine Eingabe gemacht wird (wenn), soll eine Zufallszahl ausgegeben werden (mache).
Dazu brauchst du eine Verzweigung.
Kontrolle → „wenn/mache"

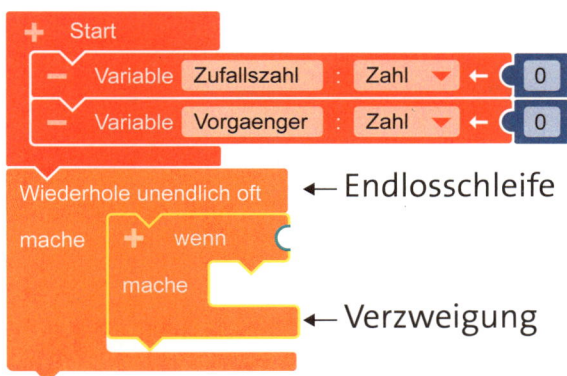
← Endlosschleife
← Verzweigung

9

- Wenn Pin 2 berührt wird,
soll eine Zufallszahl ausgegeben werden.

   Sensoren → „Pin 1 gedrückt"
   Füge den Block als Bedingung an die Verzweigung an.
   Klicke mit der Maus auf die „1".
   Es öffnet sich ein Ausklappmenü.
   Wähle hier „2" aus.

   Variablen → „Schreibe Zufallszahl"
   Füge den Block in die Verzweigung ein.

   Mathematik → „ganzzahliger Zufallswert zwischen 1 und 100"
   Füge den Block an den Block „Schreibe Zufallszahl" an.
   Ändere die 100 in eine 999.

> Eine Verzweigung braucht immer eine Bedingung!

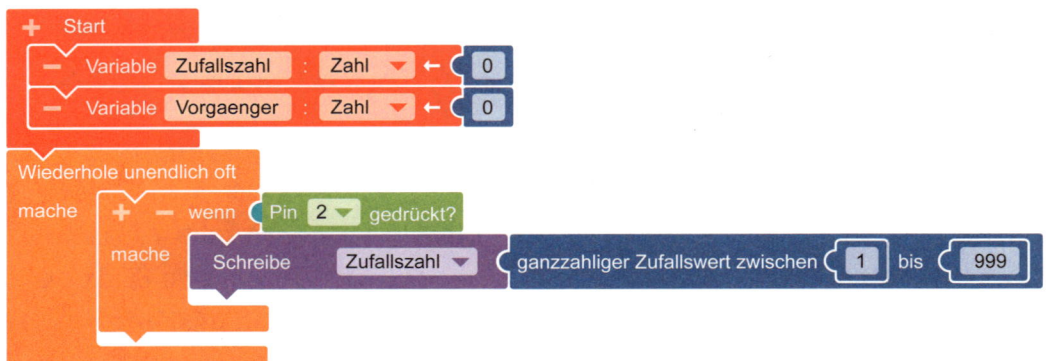

- Die Zufallszahl soll nun auf dem LED-Bildschirm angezeigt werden.

   Aktion → „Zeige Text"
   Füge den Block in die Verzweigung ein. Entferne den Block „Hallo".

   Variablen → „Zufallszahl"
   Füge den Block an den Block „Zeige Text" an.

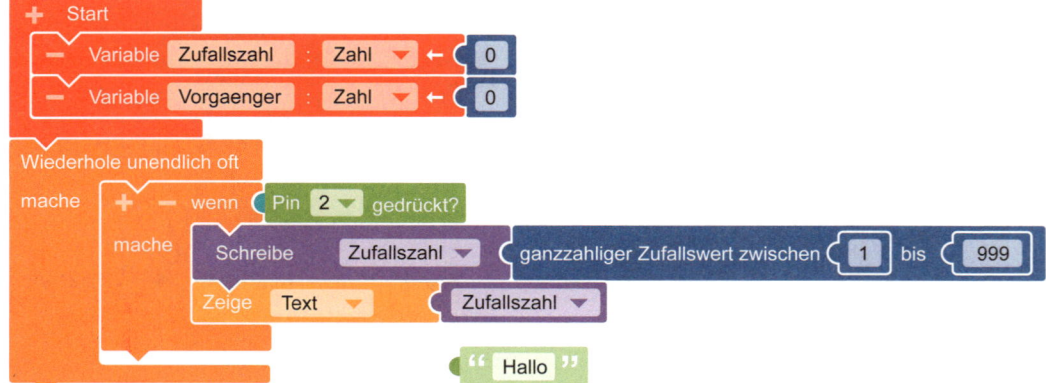

Nachbarzahlen bestimmen mit dem Calliope mini

- Wenn Taste A gedrückt wird (wenn), soll der Vorgänger der Zufallszahl ermittelt werden (mache).
  Dazu brauchst du eine weitere Verzweigung mit Bedingung.
  `Kontrolle` → „wenn/mache"
  `Sensoren` → „Taste A gedrückt"

  `Variablen` → „Schreibe Vorgaenger"
  Füge den Block in die Verzweigung ein.

  `Mathematik` → „ ⬛ + ⬛ "
  Ändere das Rechenzeichen in ein Subtraktionszeichen,
  indem du das „+" anklickst und im Ausklappmenü das „-" auswählst.
  Füge ein: `Variablen` → „Zufallszahl"
  `Mathematik` → 0   Ändere die Zahl in eine 1.

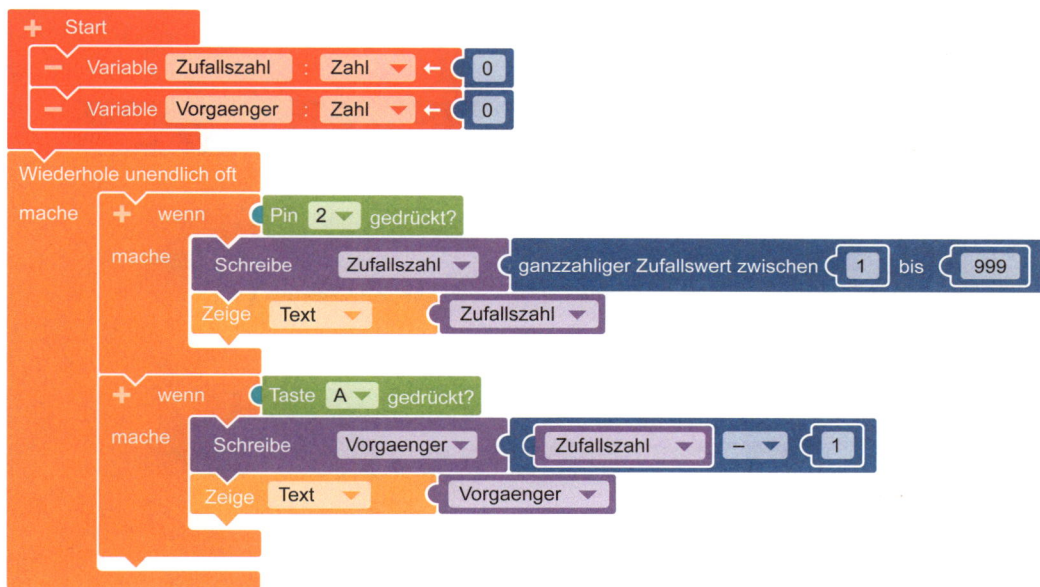

- Der Calliope mini soll den Vorgänger der Zufallszahl anzeigen.
  `Aktion` → „Zeige Text"
  Ziehe den Block „Hallo" ab.

  `Variablen` → „Vorgaenger"
  Füge den Block an den Block „Zeige Text" an.

 b) ▶ Übertrage den Code auf den Calliope mini und führe das Programm aus.
  Denke daran, dass du beim Ermitteln der Zufallszahl auch den ⊖-Pin berühren musst. Nur dann ist der Stromkreis geschlossen.

3. Um auch den Nachfolger der Zufallszahl anzeigen zu lassen, brauchst du die folgenden Blöcke.

a) Ordne die Blöcke den richtigen Stellen im Code zu.
Trage die Ziffern in die Felder ein.

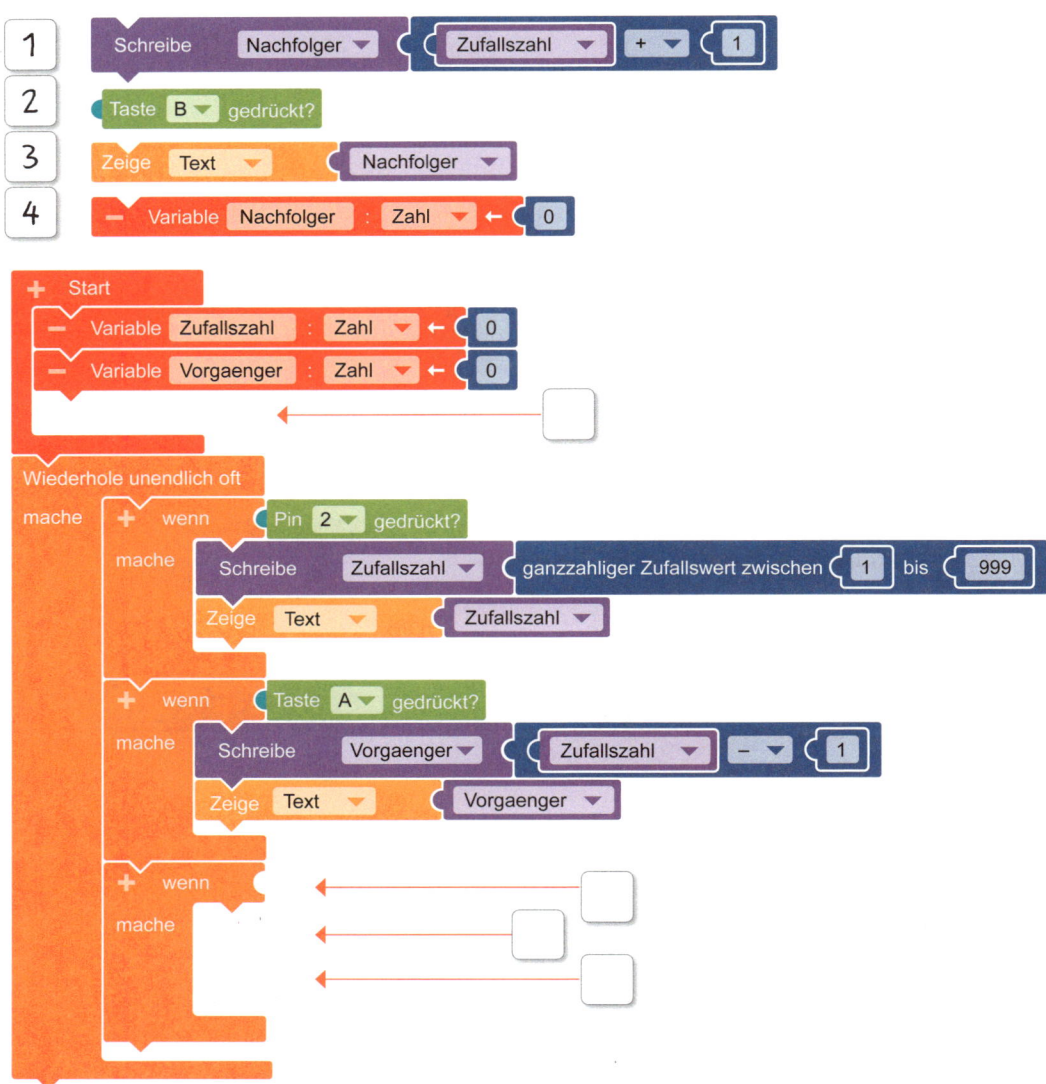

b) Programmiere die fehlenden Blöcke im Editor NEPO® nach.

c) ▶ Übertrage den Code auf den Calliope mini und führe das Programm aus.

4. Verändere deinen Code so: Wenn der Calliope mini geschüttelt wird, soll eine Zufallszahl im Zahlenraum 100–500 ausgegeben werden.

a) Kreise die Stellen im Programm ein, an denen du etwas ändern musst.

b) Ändere deinen Code im Editor NEPO®.

c) ▶ Übertrage den Code auf den Calliope mini und führe das Programm aus.

Nachbarzahlen bestimmen mit dem Calliope mini

 5. a) Erzeuge mit dem Calliope mini eine Zufallszahl.
Dies ist Lios Startnummer.

 b) Trage die Zufallszahl auf Lios T-Shirt ein.
Ergänze jeweils die Startnummern von Mats und Mia –
die Vorgängerzahl und die Nachfolgerzahl.

 c) ▶ Überprüfe dein Ergebnis mithilfe des Calliope mini.

d) Wiederhole den Vorgang.

6. Du kannst auch andere Rechnungen durchführen, zum Beispiel eine Zahl verdoppeln. Ändere dein Programm und probiere es erneut aus.

Der Calliope mini als Taktgeber

Lio und der Herzschlag

Lio, Mia und Mats stellen fest, dass ihr Herz manchmal schnell und manchmal langsam schlägt. Beim Sport und bei Aufregung wird ihr Herzschlag schnell. Wenn sie ruhig sitzen, schlägt ihr Herz langsam.
Lio möchte sichtbar machen, wie schnell ein Herz schlägt.

Der Taktgeber

Der Calliope mini soll ein Taktgeber werden, der regelmäßig mehrmals in einer Minute aufblitzt oder einen Ton macht.
Du kennst Taktgeber vielleicht aus der Musik. Sie helfen dabei, den Rhythmus beim Musizieren zu kontrollieren. Mit einem Taktgeber kannst du aber auch Herzschläge verschiedener Personen sichtbar machen und vergleichen.

Der Code

Die RGB-LED des Calliope mini soll einmal pro Sekunde aufblitzen.
Die Lichtblitze entstehen durch das Ein- und Ausschalten der RGB-LED.
Damit das Ein- und Ausschalten des Lichts sichtbar wird, müssen Wartezeiten festgelegt werden.
Die erste Wartezeit bestimmt, wie lange die RGB-LED leuchtet.
Die zweite Wartezeit bestimmt, wie lange die RGB-LED ausgeschaltet ist.

Der Calliope mini als Taktgeber

1. a) Für dein Programm brauchst du folgende Blöcke.
Schreibe die Ziffern der Beschreibungen zu den passenden Blöcken.

Block		Beschreibung
Schalte LED aus	5	1 Programmstart
Warte ms 900	6	2 Die Lichtsignale sollen unendlich oft aufblitzen.
Schalte LED an Farbe	3	3 Die RGB-LED wird eingeschaltet.
Start	1	4 Erste Wartezeit: 100 Millisekunden (ms) (So lange leuchtet die RGB-LED.)
Warte ms 100	4	5 Die RGB-LED wird wieder ausgeschaltet.
Wiederhole unendlich oft mache	2	6 Zweite Wartezeit: 900 Millisekunden (ms) (Pause zwischen den Lichtblitzen)

b) Setze die Blöcke im Editor NEPO® ☐ in der richtigen Reihenfolge zusammen.

c) SIM Probiere den Code in der Simulation aus.
Denke daran, die Simulation immer mit ▷ zu starten.
Blinkt die RGB-LED nun regelmäßig?

2. Was musst du im Code verändern, damit die RGB-LED in einer Minute häufiger blinkt? Kreuze an.

Ich muss die zweite Wartezeit verlängern. ☐

Ich muss die zweite Wartezeit verkürzen. ☐

3. Das Herz eines Elefanten schlägt langsamer als das Herz eines Menschen.
Das Herz eines Kaninchens wiederum schlägt in einer Minute viel öfter als das Herz eines Menschen.

Lebewesen	Pulswerte (Herzschläge pro Minute)
Erwachsener	ca. 70
Baby	ca. 120
Elefant	ca. 24
Kaninchen	ca. 280

Die Anzahl der Herzschläge in einer Minute nennt man Puls.

Bei einer Spitzmaus kann das Herz bis zu 1000-mal pro Minute schlagen. Bei einem Wal schlägt es nur etwa sechsmal.

 a) Mit dem Calliope mini kannst du die verschiedenen Pulse sichtbar machen. Dazu musst du die zweite Wartezeit ändern. Rahme die Stelle im Code grün ein.

 b) Ändere deinen Code so, dass einmal der Puls vom Elefanten und einmal der Puls vom Kaninchen sichtbar wird. Nutze dafür die Werte aus der Tabelle.

Lebewesen	Zweite Wartezeit (in Millisekunden)
Erwachsener	ca. 800 ms
Baby	ca. 400 ms
Elefant	ca. 2500 ms
Kaninchen	ca. 100 ms

 c) SIM ▷ Probiere das Programm in der Simulation aus.

Der Calliope mini als Taktgeber

4. Auch dein Puls ist nicht immer gleich. Wenn du Sport machst, ist er schneller, beim gemütlichen Liegen langsamer.

 a) Ändere das Programm so, dass du den Takt mit den Tasten am Calliope mini ändern kannst.

Wenn Taste A gedrückt wird,
soll der Taktgeber 50 Millisekunden (ms) schneller blinken.
Wenn Taste B gedrückt wird,
soll der Taktgeber 50 ms langsamer blinken.

So sieht der Code des fertigen Programms aus:

Damit das Tempo des Taktgebers
immer wieder verändert werden kann,
muss eine Variable angelegt werden.
Nenne sie „Wartezeit".

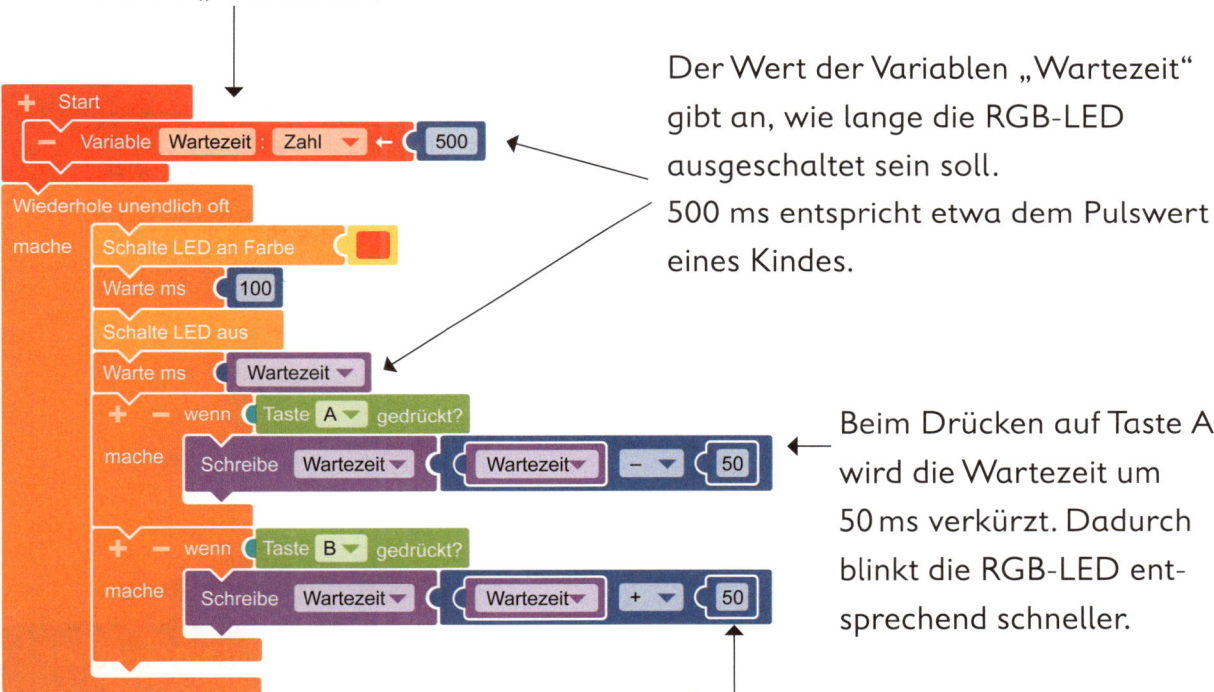

Der Wert der Variablen „Wartezeit" gibt an, wie lange die RGB-LED ausgeschaltet sein soll.
500 ms entspricht etwa dem Pulswert eines Kindes.

Beim Drücken auf Taste A wird die Wartezeit um 50 ms verkürzt. Dadurch blinkt die RGB-LED entsprechend schneller.

Bei jedem Drücken auf Taste B wird die Wartezeit um 50 ms verlängert. Dadurch blinkt die RGB-LED entsprechend langsamer.

 **b)** Programmiere diesen Code im Editor NEPO® ☐ nach.

c) ▶ Übertrage den Code auf den Calliope mini und führe das Programm aus.

 5. Verändere das Programm so, dass ein Herz auf dem LED-Bildschirm den Takt anzeigt.

17

6. a) Stelle den Calliope mini so ein, dass er deinen Herzschlag anzeigt. Gehe so vor:
- Setze dich ruhig hin.
- Fühle deinen Puls und beobachte dabei den Calliope mini.
- Passe das Blinken des Calliope mini deinem Puls an. Drücke dazu Taste A oder B.

b) Suche dir einen Partner, der die Zeit stoppt (15 Sekunden).
Zähle, wie oft dein Calliope mini in dieser Zeit aufblitzt. Trage den Wert rechts in die Tabelle ein.

c) Berechne den Herzschlag in einer Minute.

Ruhepuls

nach 15 Sekunden	nach einer Minute

Multipliziere deine Messung mit vier, dann erhältst du deinen Puls pro Minute.

d) Mache nun 20 Kniebeugen. Fühle sofort danach wieder deinen Puls und passe den Calliope mini an deinen Puls an.
Wiederhole dann den Vorgang aus Aufgabe 6b) und 6c).

Trage die Werte rechts in die Tabelle ein.

Puls nach Bewegung

nach 15 Sekunden	nach einer Minute

e) Wie hat sich dein Puls verändert?

_____

Der Calliope mini als Stoppuhr

Lio und die Zeit

Lio ist fasziniert von der Zeit. Manchmal vergeht sie
ganz schnell, und manchmal scheint sie stillzustehen,
vor allem, wenn man warten muss.
Lio möchte die Zeit messen und wissen,
wie viel Zeit vergeht, bis der Schulbus kommt.

Die Uhr – Zeitanzeige und Zeitmessung

Uhren können die Zeit angeben. Lio kann mit einem
Blick auf die Armbanduhr die aktuelle Zeit ablesen (Zeitanzeige).
Es gibt aber auch Uhren, die die Zeitdauer von einem
Zeitpunkt bis zum nächsten Zeitpunkt messen (Zeitmessung).
Eine solche Uhr möchte Lio mit dem Calliope mini bauen.

Der Code zum Zeitmessen

Der Calliope mini soll anzeigen, wie viel Zeit zwischen dem
Drücken von Taste A und dem Drücken von Taste B vergangen ist.

 1. a) Uhren haben verschiedene Bezeichnungen. Schaue dir die Uhren in
der Tabelle an und schreibe ihre Bezeichnungen in die zweite Spalte.

b) Entscheide, ob die Uhren eine Zeit anzeigen oder eine Zeitdauer messen.
Kreuze an.

~~Armbanduhr~~ – Stoppuhr – Sonnenuhr – Sanduhr – Pendeluhr

Uhr	Bezeichnung der Uhr	Zeitanzeige	Zeitmessung
	Armbanduhr	X	

2. Auf dem Calliope mini ist ein Quarzkristall eingebaut. Er schwingt wie das Pendel einer Pendeluhr, nur viele tausend Male schneller und mikroskopisch klein.

 Suche den Quarzkristall auf dem Calliope mini.

3. Der Quarzkristall fängt an zu schwingen, wenn der Calliope mini angeschaltet wird. Dadurch kann der Calliope mini Millisekunden (ms) messen.
Mit dem folgenden Code kannst du sichtbar machen, wie viel Zeit jeweils seit dem Anschalten des Calliope mini vergangen ist.

1000 ms = 1 Sekunde

 a) Programmiere diesen Code im Editor NEPO® ☆ nach.
Denke daran, deinen Code abzuspeichern ☁.
Wenn Taste A gedrückt wird,
soll die Zeit seit dem Anschalten angezeigt werden.

 b) ▶ Übertrage den Code auf den Calliope mini und führe das Programm aus.

Der Calliope mini als Stoppuhr

Immer wenn du Taste A drückst, wird eine neue Zeit angezeigt, weil die Uhr im Calliope mini unsichtbar weiterläuft.

 c) Drücke Taste A. Schreibe die Zahl auf (Startzeit).
Zähle im Kopf bis fünf.
 Drücke jetzt wieder die Taste A. Schreibe auch diese Zahl auf (Endzeit).

Startzeit: _____ ms   Endzeit: _____ ms

d) Mit diesen beiden Zahlen kannst du die Zeitdauer zwischen dem ersten und dem zweiten Tastendruck berechnen.
Rechne dazu: Endzeit − Startzeit = Zeitdauer

Endzeit:				ms
− Startzeit:				ms
= Zeitdauer:				ms

 4. a) Runde die Zeitdauer aus Aufgabe 3d) auf den nächsten Tausender auf oder ab.
Beispiel: 4587 ms ➔ gerundet: 5000 ms

☐☐☐☐ ms ➔ gerundet: ☐☐☐☐ ms
(Zeitdauer)

 b) Rechne jetzt die Millisekunden (ms) in Sekunden (s) um.
Teile dazu die Zahl durch 1000.
Beispiel: 5000 ms : 1000 = 5 s

☐☐☐☐ ms : 1000 = ☐ s

> Kann mir der Calliope mini das Rechnen nicht abnehmen?

 5. Der Calliope mini soll eine Stoppuhr werden, die eine Zeitdauer alleine errechnet. Dazu brauchst du den Code von Seite 20 und die folgenden Blöcke.

Damit du Startzeit und Endzeit nicht immer wieder einzeln aufschreiben musst, brauchst du Variablen.

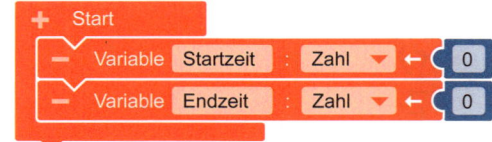

Der folgende Block nimmt dir das Rechnen ab. Er rundet die Zeitdauer und rechnet die Millisekunden in Sekunden um.

So sieht der vollständige Code für die Stoppuhr aus.

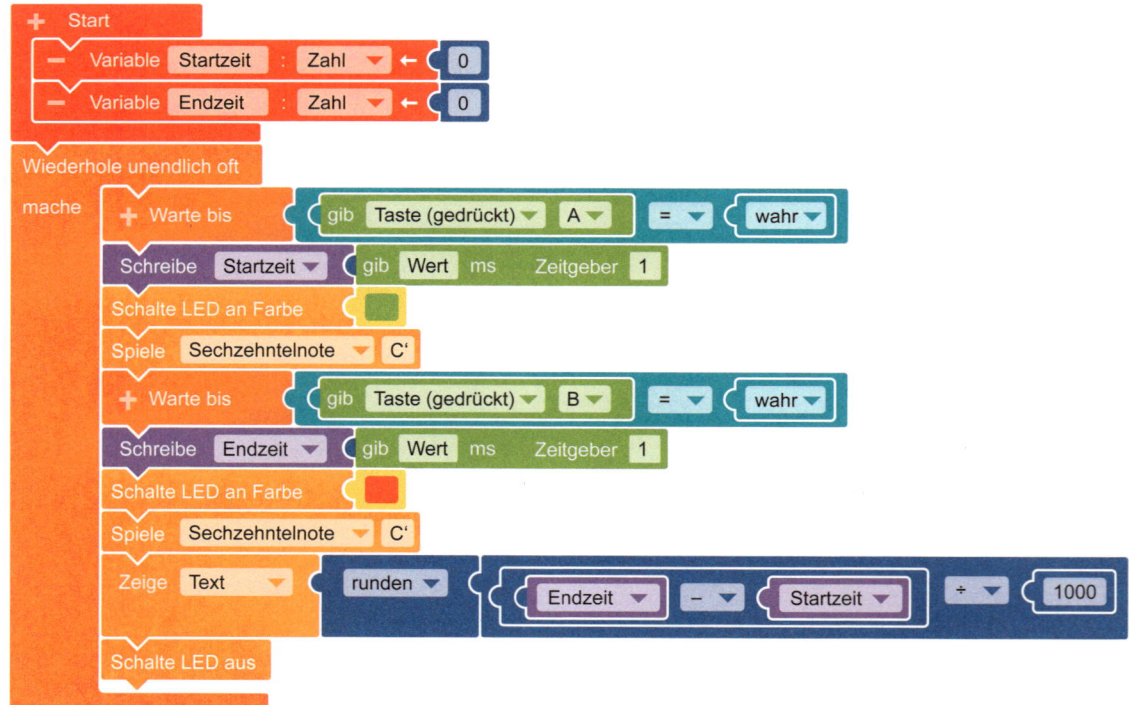

Die Stoppuhr startet und endet mit einem Tastendruck. Beim Drücken der Tasten leuchtet die LED, und es wird ein Ton abgespielt.

Der Calliope mini als Stoppuhr

a) Schau dir den Code genau an und ergänze den Text.

Wenn _____ gedrückt wird,
startet die Stoppuhr.

Die LED leuchtet in der Farbe_____ ,
und es wird ein Ton abgespielt.

Wenn _____ gedrückt wird,
hält die Stoppuhr an.

Die LED leuchtet in der Farbe_____ ,
und es wird ein Ton abgespielt. Danach wird die gemessene
Zeitdauer in Sekunden angezeigt.

b) Programmiere den Code im Editor NEPO® ☆ nach.
Prüfe, was du aus dem Code von Aufgabe 3a)
übernehmen kannst und was du ändern musst.
Achte auf das Divisionszeichen ÷ im Mathematik-Block.

c) ▶ Übertrage den Code auf den Calliope mini
und führe das Programm aus.

6. Überlege dir Tätigkeiten, die du in der Klasse ausführen
kannst. Schreibe sie in die Tabelle.
Führe die Tätigkeit aus und lasse ein anderes Kind mit dem
Calliope mini die Zeit stoppen.
Notiere deine Ergebnisse in der Tabelle.

Tätigkeit	Gestoppte Zeit in Sekunden
Auf einem Bein stehen, ohne umzufallen.	10

23

Der Calliope mini als Rechtschreibtrainer

Lio und das Fernsehquiz

Lio schaut ein Quiz im Fernsehen. Der Moderator stellt Fragen und gibt zwei verschiedene Lösungen vor. Die Teilnehmer müssen tippen, welche Lösung richtig ist. Lio überlegt zu Hause mit.
Das macht richtig Spaß!
Da hat Lio eine Idee: Mit einem Quizprogramm für den Calliope mini könnte man prima seine Rechtschreibung üben.

Das Rechtschreibquiz

Quizprogramme können beim Lernen helfen.
Ein Computer zeigt Wörter mit fehlenden Buchstaben an
und bietet zwei mögliche Schreibweisen zur Auswahl.
Der Vorteil dabei ist: Die Fragen können beliebig oft wiederholt werden.

Der Code

Der Code für den Rechtschreibtrainer besteht aus vier Teilen.
Der Calliope mini soll:
- eine Quizfrage anzeigen und zwei Schreibweisen anbieten,
- die Antwort des Spielers prüfen,
- das Ergebnis anzeigen (richtig oder falsch),
- die ersten drei Schritte mit weiteren Fragen wiederholen.

Der Calliope mini als Rechtschreibtrainer

 1. Überlege dir drei kurze Wörter, die schwer zu schreiben sind. Prüfe, wie sie richtig geschrieben werden. Formuliere dann Quizfragen zu den Wörtern und trage sie in die Tabelle ein. Gehe dabei wie im Beispiel vor.

Achte darauf, dass manchmal A und manchmal B die richtige Antwort ist.

Nr.	Frage	Lösung A	Lösung B	richtige Antwort
0	GEL_ B oder P?	B	P	A
1				
2				
3				

 2. Programmiere den Code für den Rechtschreibtrainer im Editor NEPO® ☆ nach. Gehe dabei Schritt für Schritt vor.

- Als Erstes musst du deine Fragen und Lösungen eingeben und im Programm speichern. Lege dazu zwei Variablen an und nenne sie „Fragen" und „Loesungen".
Wähle im Ausklappmenü „Liste Zeichenkette".

Wenn du auf „+" klickst, erscheint eine neue Zeile.

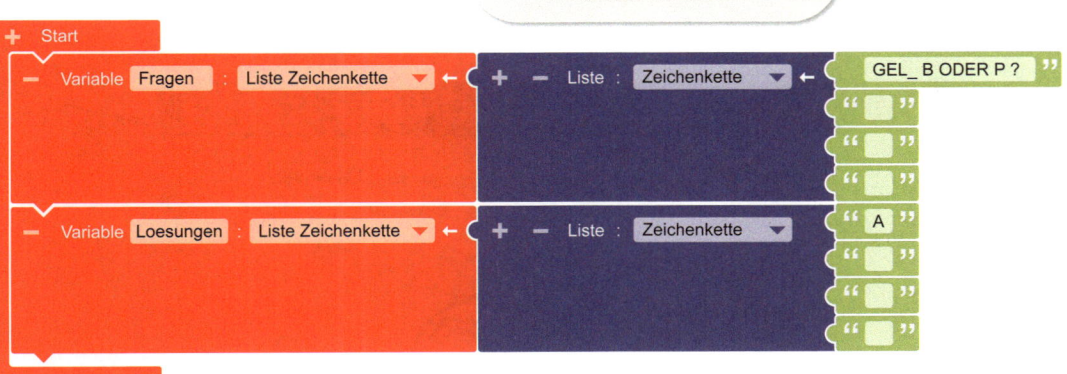

- Ergänze die erste Liste mit deinen Fragen aus Aufgabe 1.
Trage in die zweite Liste ein, welche Lösung die richtige ist (A oder B).
Gehe dabei wie im Beispiel vor (Frage: GEL_ B ODER P, Lösung: A).

- Füge die vier folgenden Variablen hinzu.

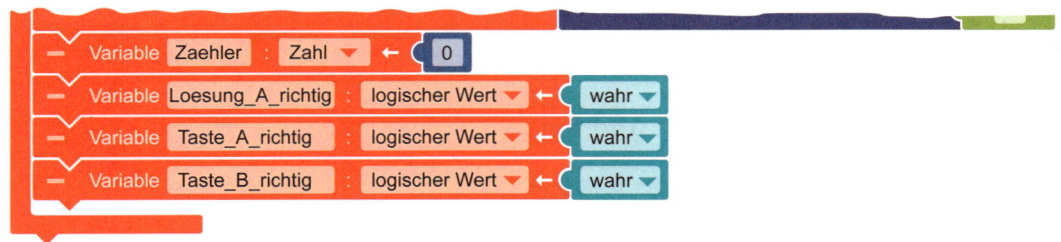

Anzeigen der ersten Quizfrage
- Wenn der Calliope mini kopfüber gedreht und wieder aufgerichtet wird, soll das Quiz beginnen.

 a) Welche Blöcke müssen an die „Warte bis"-Blöcke angefügt werden? Schaue im Editor NEPO® ☆ unter der Kategorie **Sensoren** nach.

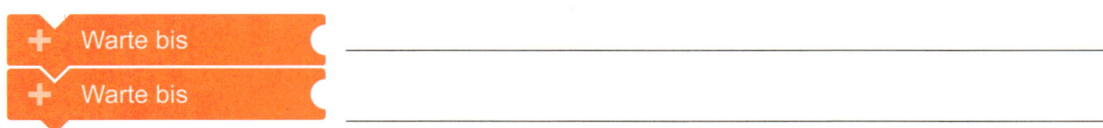

 Füge die „Warte bis"-Blöcke unter den Variablen an den Startblock an.

- Die erste Frage von der Liste „Fragen" von Seite 25 soll angezeigt werden. Sie steht auf Listenplatz 0.

  Um Frage 0 anzeigen zu lassen, brauchst du die folgenden Blöcke aus den Kategorien **Aktion**, **Listen** und **Variablen**.

In der Programmiersprache nennt man die Nummer eines Listenplatzes auch Index.

Zaehler ist zu Beginn des Programms = 0.

Der Calliope mini als Rechtschreibtrainer

Prüfen der Antwort

- Der Calliope mini soll auf die Antwort des Spielers warten.
  Zur Eingabe der Antwort sollen Taste A oder Taste B benutzt werden.
  Füge dazu die folgenden Blöcke an.

- Jetzt muss festgelegt werden, welche Antwort richtig ist. Der Calliope mini soll dazu prüfen, was in der Liste „Loesungen" steht.
  Dazu brauchst du die folgenden Blöcke aus den Kategorien:
  `Variablen` , `Logik` , `Listen` , und `Text`

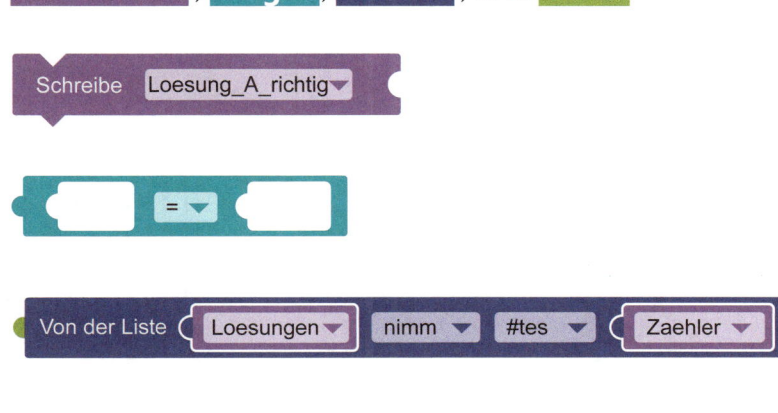

Es soll geprüft werden, ob Antwort A richtig ist.

Dazu soll verglichen werden …

… ob in der Liste „Loesungen" auf dem richtigen Listenplatz (z.B. Platz 0) …

… ein A steht.

Setze die Blöcke zusammen und füge sie an deinen Code an.

- Als Nächstes muss der Calliope mini den Tastendruck als richtige oder falsche Antwort auswerten. Dabei gibt es verschiedene Möglichkeiten:

Da bekommt man ja einen Knoten im Kopf!

b) Überlege, welche Buchstaben in den leeren Feldern im folgenden Block fehlen. Schaue dir dazu die Murmelbahn genau an. Trage ein:

c) Programmiere die Blöcke im Editor NEPO® ☆ nach und speichere deinen Code ab ☁.

Der Calliope mini als Rechtschreibtrainer

Ergebnis anzeigen

- Wenn die richtige Taste gedrückt wurde (wenn),
  soll ein Häkchen auf dem LED-Bildschirm angezeigt werden (mache).
  Wenn die falsche Taste gedrückt wurde,
  soll ein Kreuz angezeigt werden (sonst).
  Dazu brauchst du eine Verzweigung.
  Kontrolle Entscheidung → „wenn/mache/sonst"

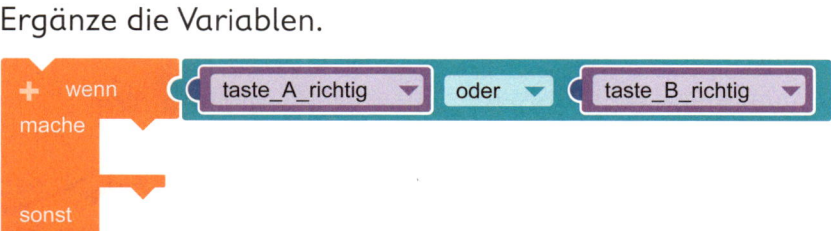

- Die richtige Taste kann entweder Taste A oder Taste B sein.
  Füge aus der Kategorie **Logik** den logischen Vergleich mit
  „und" an und ändere diesen auf „oder".
  Ergänze die Variablen.

- Für die Anzeige des Häkchens oder des Kreuzes brauchst du
  die folgenden Blöcke.

 d) Male die Kästchen so aus, dass ein Häkchen und ein Kreuz
angezeigt werden.
Füge die Blöcke in die Schleife ein.

- Das jeweilige Bild soll 2000 Millisekunden (ms) lang zu sehen sein.
  Füge die folgenden Blöcke unter dem „wenn/mache/sonst"-Block an.

Nächste Frage anzeigen

- Bisher kann der Calliope mini nur die erste Frage anzeigen.
  Das liegt daran, dass der „Zaehler" = 0 ist.
  Wenn die nächste Frage angezeigt werden soll,
  muss der „Zaehler" verändert werden.
  Füge daher die folgenden Blöcke aus den Kategorien **Mathematik**
  und **Variablen** an.

  Jetzt ist der Zaehler = 1.

- Damit das Programm an dieser Stelle nicht endet,
  brauchst du noch eine Schleife.
  Füge die Schleife „Wiederhole bis/mache" oben im Programm direkt
  nach den Variablen ein. Ändere das „bis" in „solange".

  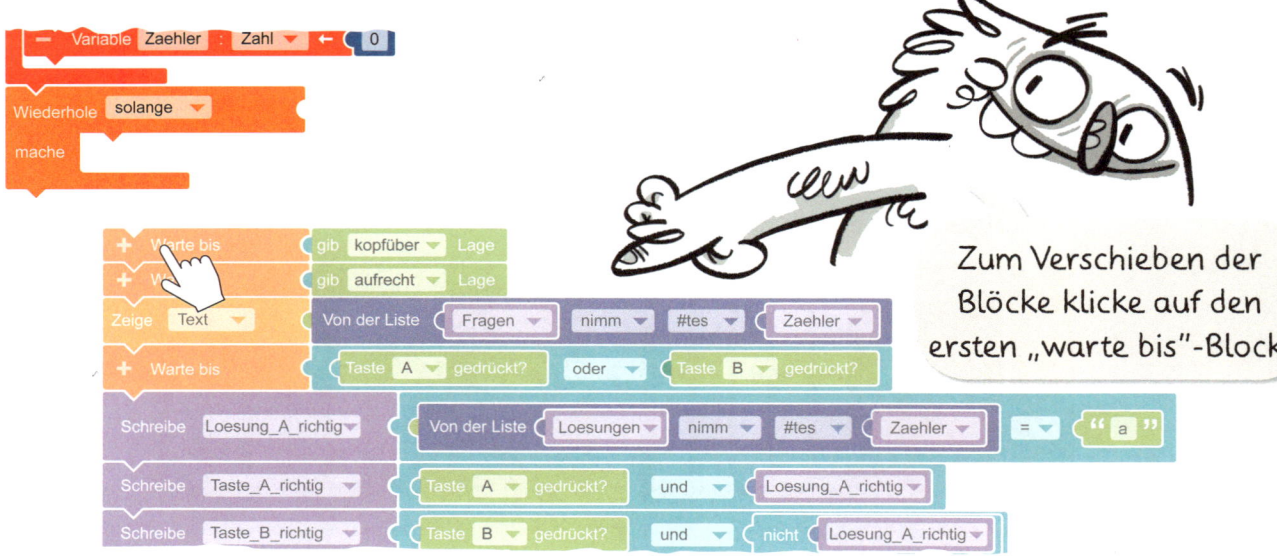

  Zum Verschieben der Blöcke klicke auf den ersten „warte bis"-Block.

- Füge jetzt deinen restlichen Code in die Schleife ein.

- Die Schleife soll wiederholt werden, solange der „Zaehler" kleiner
  als die Anzahl der Fragen ist. Dazu brauchst du die folgenden Blöcke
  aus den Kategorien **Logik**, **Variablen** und **Listen**.

  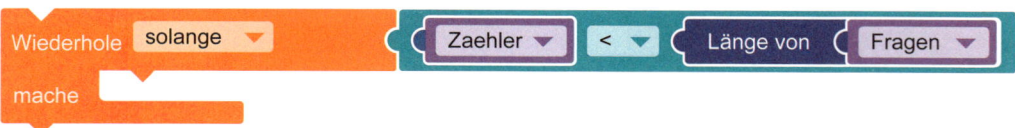

e) Wann endet die Schleife bei einem Quizprogramm mit vier Fragen?
„Zaehler" = _____

3. ▶ Übertrage den Code auf den Calliope mini und führe das Programm aus.

Der Calliope mini als Rechtschreibtrainer

So sieht der vollständige Code des Rechtschreibtrainers aus. Die Listen musst du mit deinen eigenen Fragen und Lösungen füllen.

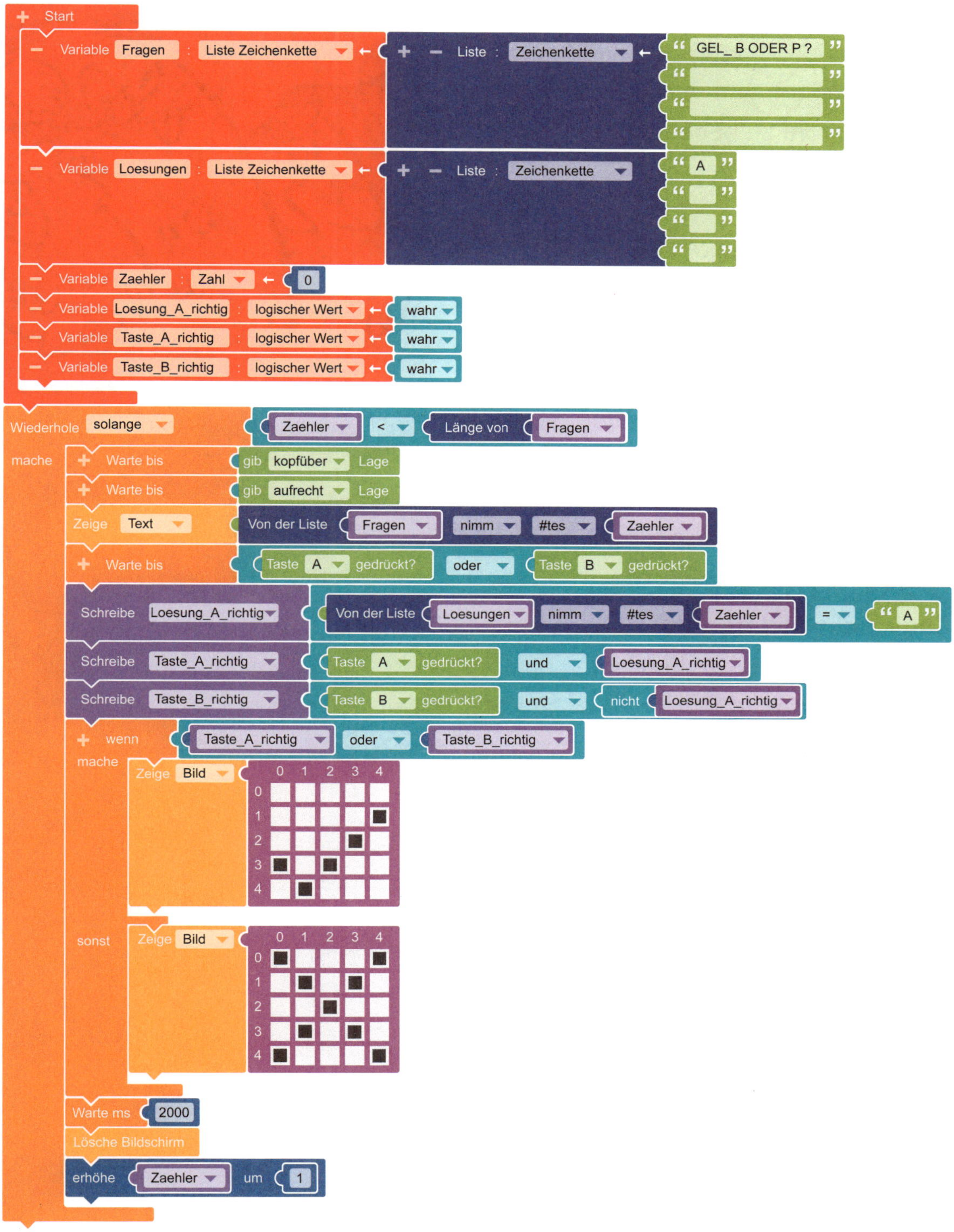

[Blockly-Code des Rechtschreibtrainers: Start-Block mit Variablen `Fragen` (Liste Zeichenkette, erster Eintrag "GEL_B ODER P?"), `Loesungen` (Liste Zeichenkette, erster Eintrag "A"), `Zaehler` (Zahl = 0), `Loesung_A_richtig`, `Taste_A_richtig`, `Taste_B_richtig` (jeweils logischer Wert = wahr). Wiederhole solange Zaehler < Länge von Fragen, mache: Warte bis gib kopfüber Lage, Warte bis gib aufrecht Lage, Zeige Text Von der Liste Fragen nimm #tes Zaehler, Warte bis Taste A gedrückt? oder Taste B gedrückt?, Schreibe Loesung_A_richtig ← Von der Liste Loesungen nimm #tes Zaehler = "A", Schreibe Taste_A_richtig ← Taste A gedrückt? und Loesung_A_richtig, Schreibe Taste_B_richtig ← Taste B gedrückt? und nicht Loesung_A_richtig, wenn Taste_A_richtig oder Taste_B_richtig mache Zeige Bild (Häkchen), sonst Zeige Bild (Kreuz), Warte ms 2000, Lösche Bildschirm, erhöhe Zaehler um 1.]

4. Füge weitere Aktionen hinzu, wie zum Beispiel eine farbige Statusleuchte oder Töne.

5. Baue den Code so um, dass ein Englisch-Quiz oder ein Quiz für den Sachunterricht entsteht. Ändere dazu die Listen der Fragen und der Lösungen.

31

Der Calliope mini und das Nim-Spiel

Lio sucht einen zweiten Spieler

Lio hat eine Schachtel mit 12 kleinen
Hölzchen gefunden, auf der NIM steht.
Was hat das wohl zu bedeuten?
Dann fällt es Lio ein: Das ist ein
Nim-Spiel!
Die Regeln sind ganz einfach:
- Es gibt zwei Spieler und 12 Hölzchen.
- Abwechselnd können sich die Spieler
  1, 2 oder 3 Hölzchen nehmen.
- Wer das letzte Hölzchen nimmt, gewinnt das Spiel.

Nun fehlt Lio noch ein Gegenspieler.
Vielleicht kann Lio gegen den Calliope mini spielen?

Ein Minicomputer als Gegenspieler

Der Calliope mini hat weder Augen, Arme noch Mund.
Er kann also weder Hölzchen sehen oder nehmen,
noch kann er sagen, wie viele Hölzchen er
nehmen will. Aber er kann so programmiert werden,
dass er trotzdem zu einem Gegenspieler wird.

Der Code

Mit dem Code müssen folgende Probleme gelöst werden:
A) Woher weiß der Calliope mini, wie viele Hölzchen im Spiel sind?
B) Woher weiß der Calliope mini,
   wie viele Hölzchen Lio wegnehmen möchte?
C) Wie führt der Calliope mini seinen Zug aus?
D) Wie überprüft der Calliope mini, wer gewonnen hat?

 1. Überlege, in welcher Kategorie du Blöcke zum Lösen
der Fragen A) und B) findest. Kreuze an.

Sensoren ☐	Variablen ☐
Aktion ☐	Farben ☐

Der Calliope mini und das Nim-Spiel

Der Code für das Nim-Spiel besteht aus 4 Teilen:

1 Spielvorbereitung

2 Lio ist am Zug

Wenn eine Eingabe gemacht wird, sollen 1, 2 oder 3 Hölzchen vom Startwert 12 abgezogen werden.

3 Der Calliope mini ist am Zug

Wenn noch Hölzchen im Spiel sind, soll von den Hölzchen eine zufällige Anzahl zwischen 1 und 3 abgezogen werden.

4 Die Entscheidung

Wenn nach dem letzten Spielzug des Calliope mini noch 1, 2 oder 3 Hölzchen übrig sind, hat Lio gewonnen. Ein ☺ wird angezeigt.

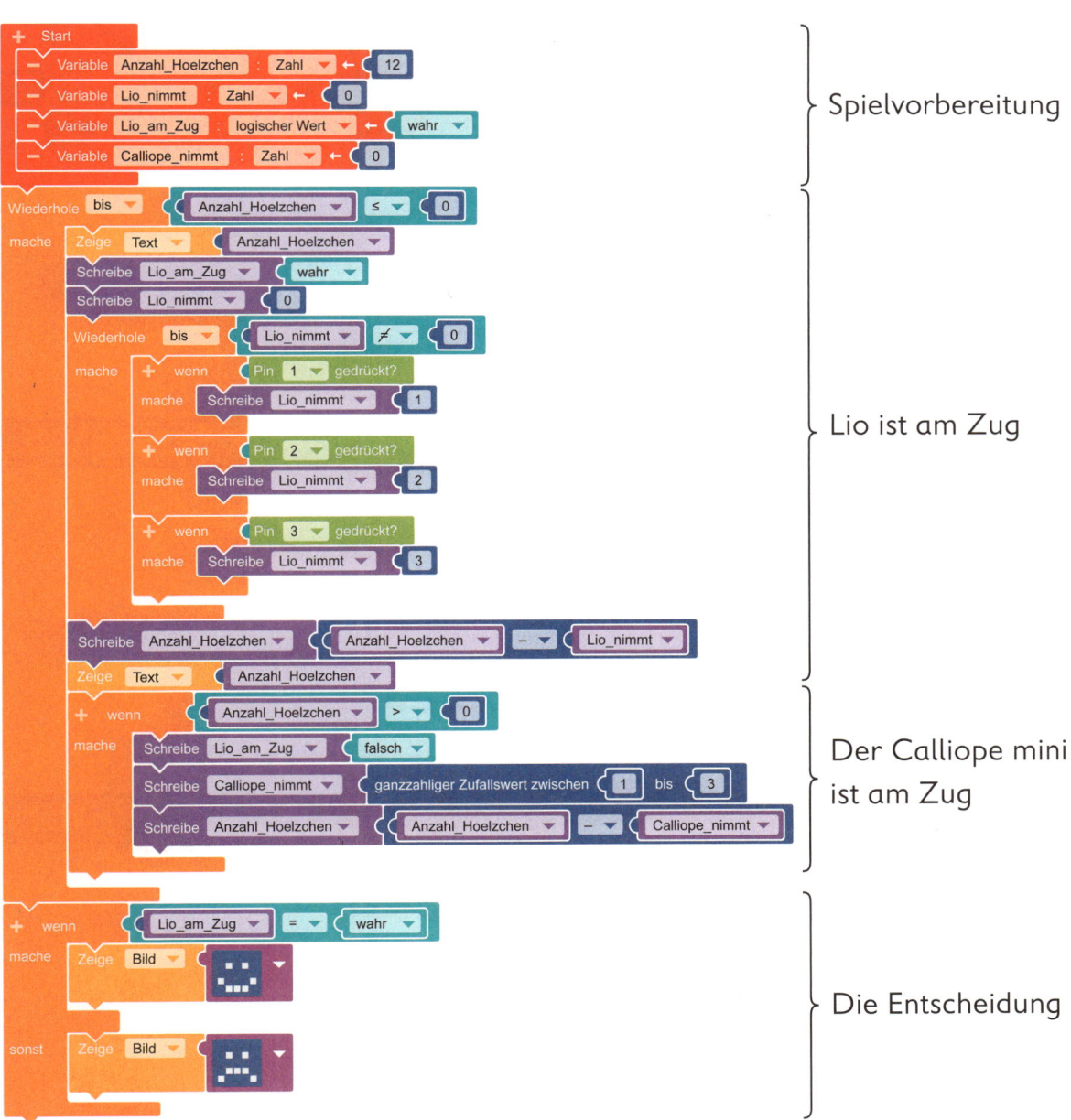

2. a) Programmiere den Code für das Nim-Spiel im Editor NEPO® ☆ nach. Gehe dabei Schritt für Schritt vor.

Vorbereitung

- Lege zunächst vier Variablen an. Nenne die erste Variable „Anzahl_Hoelzchen".
  Sie speichert die Anzahl der vorhandenen Hölzchen.
  Ändere den Startwert auf 12.

  Die Variable „Lio_nimmt" speichert, wie viele Hölzchen Lio nimmt.
  Der Startwert ist 0.
  Die Variable „Lio_am_Zug" speichert, ob Lio an der Reihe ist („wahr") oder nicht („falsch").
  Die Variable „Calliope_nimmt" speichert, wie viele Hölzchen der Calliope mini nimmt.

- Das Spiel soll so lange laufen, bis die Anzahl der Hölzchen kleiner als oder gleich 0 (≤ 0) ist, also keine Hölzchen mehr im Spiel sind.
  Nutze dafür die richtigen Blöcke aus den Kategorien **Kontrolle**, **Logik**, **Variablen** und **Mathematik**.

- Während des Spiels soll immer sichtbar sein, wie viele Hölzchen noch vorhanden sind.
  Füge die Blöcke „Zeige Text" und „Anzahl_Hoelzchen" aus den Kategorien **Aktion** und **Variablen** hinzu.

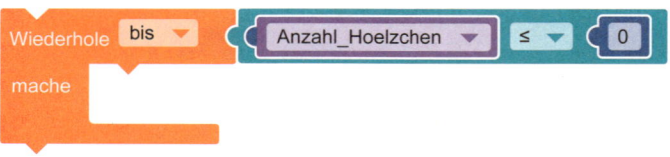

Der Calliope mini und das Nim-Spiel

Lio ist am Zug

- Zuerst muss festgelegt werden, dass Lio an der Reihe ist. Der Wert von „Lio_am_Zug" wird „wahr".

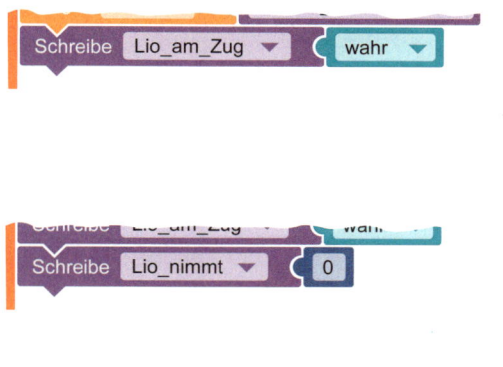

- Lio hat noch keine Hölzchen weggenommen. Die Variable „Lio_nimmt" ist = 0. Füge die Blöcke aus den Kategorien **Variablen** und **Mathematik** hinzu.

- Der folgende Vorgang soll so lange wiederholt werden, bis Lio eine Anzahl an Hölzchen ausgewählt hat. Wähle die richtigen Blöcke aus den Kategorien **Kontrolle**, **Logik**, **Variablen** und **Mathematik** aus.

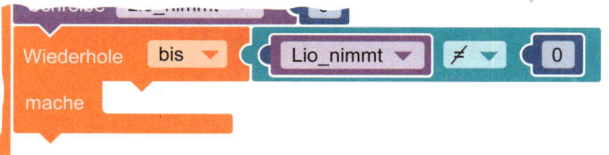

- Wenn Pin 1, 2 oder 3 gedrückt wird, sollen von den vorhandenen Hölzchen jeweils 1, 2 oder 3 Hölzchen abgezogen werden. Wähle die richtigen Blöcke aus den Kategorien **Kontrolle**, **Sensoren**, **Variablen** und **Mathematik**.

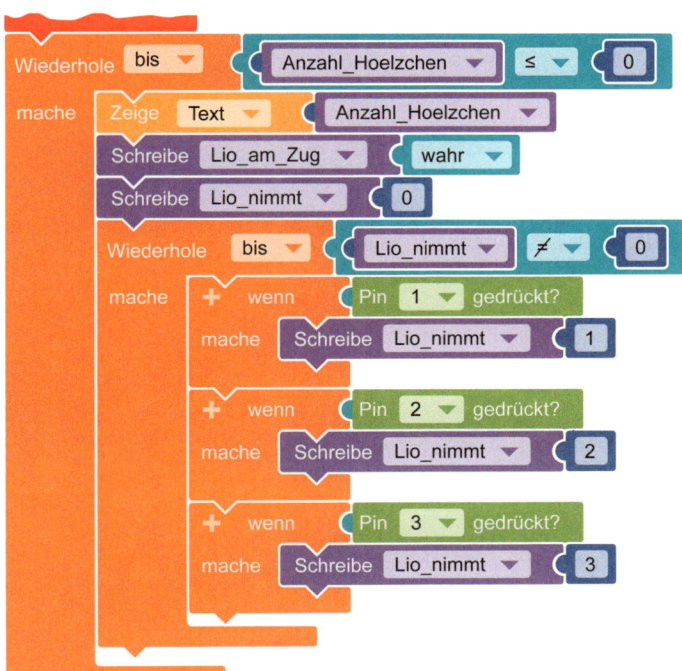

35

- Die Anzahl der Hölzchen, die weggenommen werden, muss von der Anzahl der vorhandenen Hölzchen abgezogen werden.
  Füge dazu die richtigen Blöcke aus den Kategorien **Variablen** und **Mathematik** unter die Schleife an.
  Wähle das richtige Rechenzeichen aus.

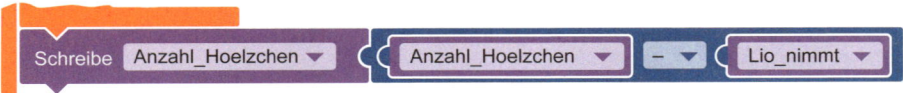

- Nachdem ein Pin gedrückt wurde, soll die Anzahl der restlichen Hölzchen angezeigt werden.
  Füge einen „Zeige-Text"-Block an.

 b) Welche Zahlen werden angezeigt, wenn Lio nacheinander erst Pin 2, dann Pin 3, dann Pin 1 und dann Pin 3 drückt?

Rechne dazu:

vorhandene Hölzchen	–	gedrückter Pin	=	angezeigte Zahl
12	–	2	=	10
10	–	3	=	
	–	1	=	
	–	3	=	

 c) ▶ Übertrage den Code auf den Calliope mini und überprüfe deine Rechnung. Denke daran, auch den Minus-Pin zu berühren.

Der Calliope mini und das Nim-Spiel

Der Calliope mini ist am Zug

- Wenn nach Lios Zug noch Hölzchen da sind (Anzahl_Hoelzchen > 0), ist der Calliope mini am Zug.
  Der Wert der Variable „Lio_am_Zug" wird „falsch".
  Füge die richtigen Blöcke aus den Kategorien **Logik**, **Variablen** und **Mathematik** an.
  Achte auf das Zeichen > (größer als).

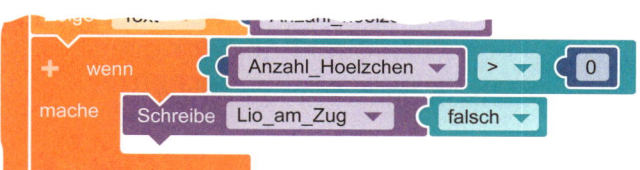

- Ein Computer kann nicht überlegen, wie viele Hölzchen er nehmen möchte. Aber er kann Zufallszahlen bilden.

  Der Calliope mini soll eine zufällige Anzahl Hölzchen nehmen. Weise dazu der Variablen „calliope_nimmt" eine Zufallszahl zu.

 d) Aus welchem Zahlenraum muss die Zufallszahl erstellt werden? Schreibe die Zahlen in die leeren Felder und ergänze dann die Blöcke in deinem Code.

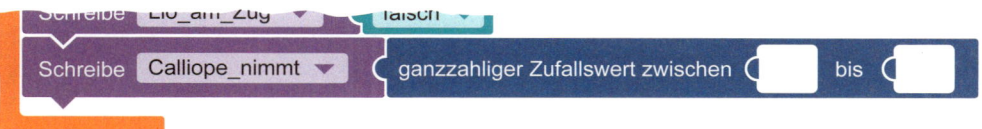

- Die Anzahl der Hölzchen, die der Calliope mini nimmt, muss von der Anzahl der vorhandenen Hölzchen abgezogen werden. Füge die richtigen Blöcke aus den Kategorien **Variablen** und **Mathematik** an.

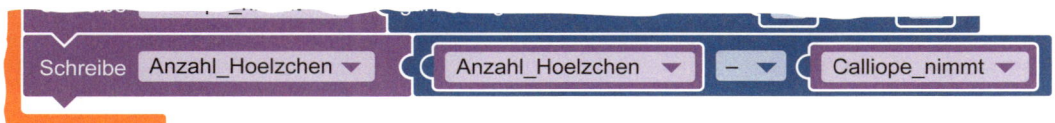

37

Die Entscheidung

Wenn keine Hölzchen mehr vorhanden sind, endet die Schleife,
und das Spiel ist vorbei. Hat Lio gewonnen?
Dazu muss überprüft werden, welcher Spieler zuletzt an der Reihe war.

- Füge nach dem Ende der großen
  Schleife eine Verzweigung
  „wenn/mache/sonst" ein.
  Wenn die letzten Hölzchen von Lio
  genommen wurden
  (Lio_am_Zug = wahr), hat Lio
  gewonnen. Ein ☺ wird angezeigt.
  Ansonsten hat der Calliope mini gewonnen.
  Dann wird ☹ angezeigt.

 e) ▶ Übertrage den Code auf den Calliope mini und spiele das Nim-Spiel.

 3. Was glaubst du, wer die besseren Gewinnchancen beim Nim-Spiel hat:
Lio oder der Calliope mini? Begründe deine Antwort.

_____

_____

 4. Lio kann sich schwer merken, wer an der Reihe ist.
Erweitere darum deinen Code.
Wenn Lio am Zug ist, soll die RGB-LED grün leuchten.
Wenn Calliope mini am Zug ist, soll die RGB-LED rot leuchten.

 5. Lios Freund Mats möchte das Nim-Spiel gegen Lio spielen.
Ändere das Programm so, dass zwei Menschen gegeneinander spielen können.

Lösung: siehe Seite 42

Mein Tipp: Du brauchst hierfür keine Zufallszahlen mehr.

38

Tipps für deine eigenen Programm-Ideen

1. Entwickle deine eigene Idee.
   - Was soll der Calliope mini tun?
   - Prüfe, ob der Calliope mini hierfür alle notwendigen Funktionen hat.

2. Wähle die Blöcke für dein Programm aus.
   - Lege fest, welche Eingabemöglichkeiten genutzt werden sollen
     (Pins, Tasten, Lagesensoren, Mikrofon).
   - Bestimme, was für die Ausgabe genutzt werden soll
     (Bildschirm, RGB-LED, Lautsprecher).
   - Wenn du Werte mehrmals in deinem Programm benutzen möchtest,
     lege für jeden Wert eine Variable an.

3. Programmiere in kleinen Schritten.
   - Beginne mit einem kurzen Programm.
   - Erweitere das Programm Schritt für Schritt.

4. Probiere dein Programm immer wieder aus,
   auch wenn es noch nicht „fertig" ist.
   - Nutze dazu die Simulation und den Calliope mini.
     Tipp: Verwende am Anfang Sensoren, die es auch in der Simulation gibt
     (z.B. Taste oder Pin).
   - Wenn du Fehler findest, korrigiere dein Programm.
     Ändere nur wenig auf einmal.
     Probiere dein Programm nach der Änderung erneut in der Simulation aus.

5. Wiederhole die Schritte so lange, bis das Programm richtig läuft.

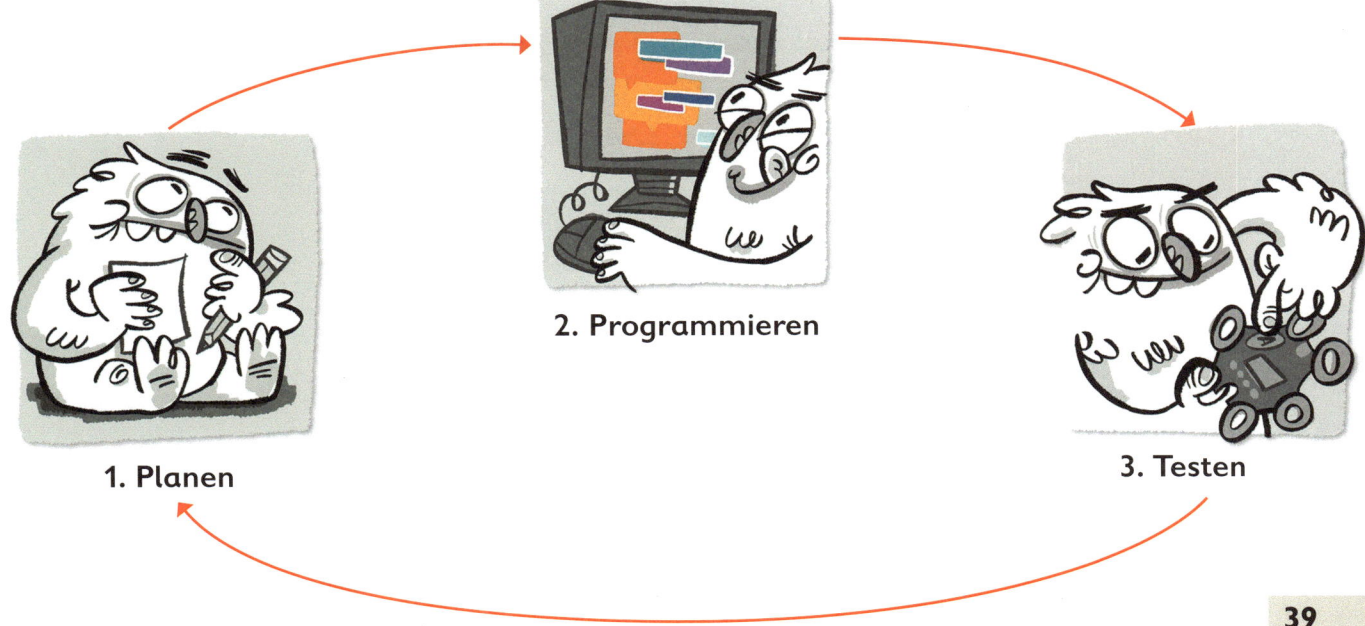

Programmbeispiele

Hier findest du kleine Programme, die du in deine eigenen Ideen einbauen kannst.

1. **Ausgaben sichtbar machen**

   Soll der Calliope mini mehrere verschiedene Ausgaben hintereinander anzeigen, musst du Warteblöcke verwenden.
   Zum Beispiel so:

      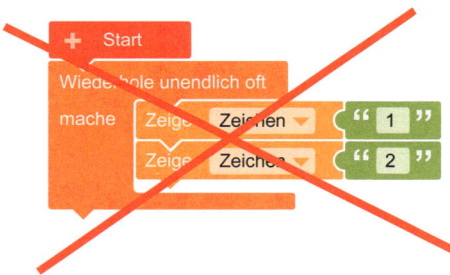

   Die 1 und die 2 erscheinen jeweils für eine halbe Sekunde auf dem Bildschirm. Das reicht zum Lesen.

   Das geht zu schnell: Die 1 und die 2 können nicht unterschieden werden.

2. **Mit einem Tastendruck die Farbe der RGB-LED ändern**

   Wenn du die Taste A drückst und wieder loslässt, soll die RGB-LED die Farbe wechseln. Dazu brauchst du Warteblöcke.

Wann genau wechselt die RGB-LED ihre Farbe? Kreuze an.

Wenn du Taste A drückst. ☐

Wenn du Taste A loslässt. ☐

Tipps

3. **Ein Bild lang oder kurz sichtbar machen**

   Wenn du die Taste A drückst, soll das Bild „Smiley"
   auf dem Bildschirm angezeigt werden.
   Sobald du Taste A loslässt, soll das Bild verschwinden.
   Wie muss dein Code aussehen, damit das passiert?
   Kreise die richtige Antwort ein.

   a)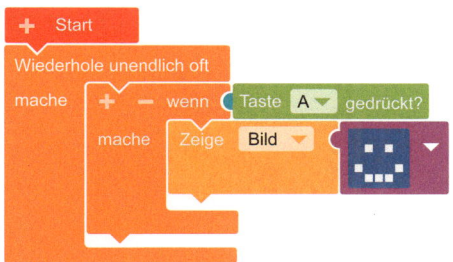

   b)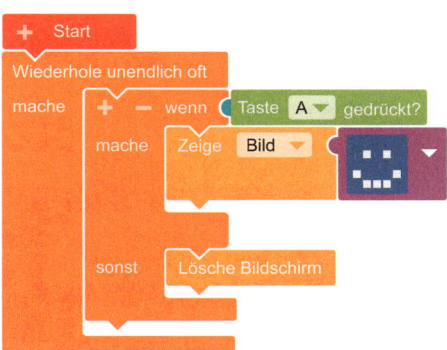

4. **Eine feste Reihenfolge der Eingaben bestimmen**

   Vergleiche die beiden folgenden Programme. Kreise die Unterschiede ein.

   a)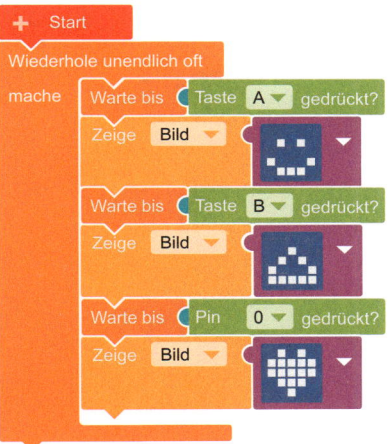

   b)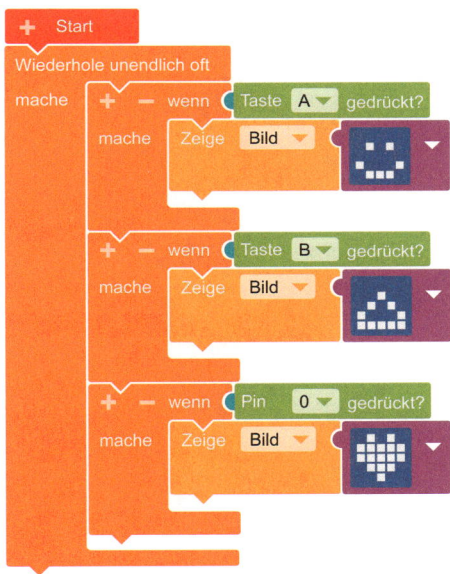

   Das eine Programm erwartet Eingaben in einer bestimmten Reihenfolge:
   erst Taste A, dann Taste B und danach Pin 0.
   Erst dann erscheinen die Bilder.

   Welches Programm ist gemeint? Es ist Programm _____.

   Das andere Programm kann auf die Eingaben in beliebiger Reihenfolge
   reagieren. Es ist egal, welche Taste zuerst gedrückt wird.

   Welches Programm ist gemeint? Es ist Programm _____.

41

Das Nim-Spiel für zwei Spieler

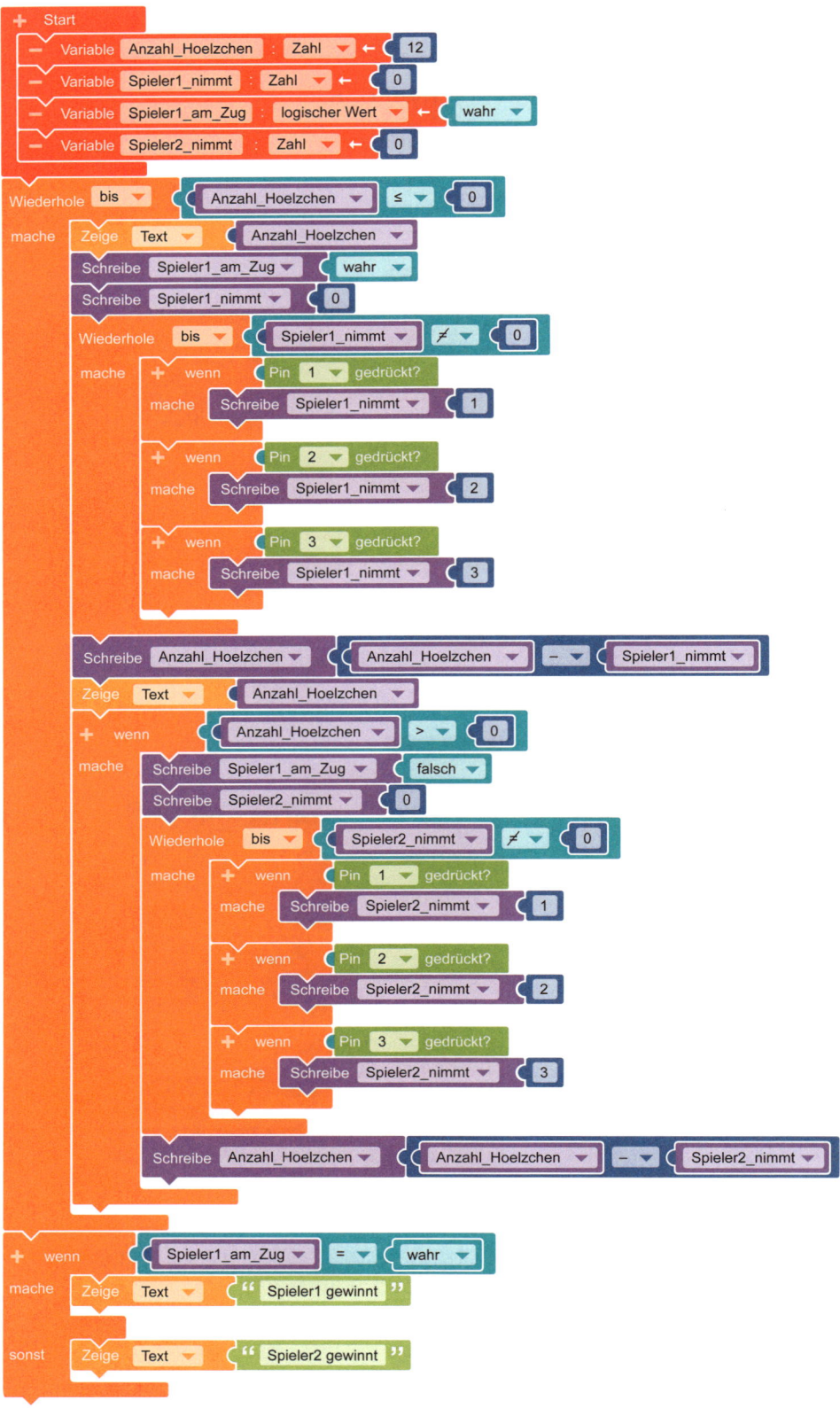

Tipp: Du kannst unten im Code bei „Zeige Text" auch deinen eigenen Namen und den Namen deines Mitspielers eingeben.

Das kleine Coding-Lexikon

Anweisung
(= Befehl)
Wenn du eine Anweisung erhältst, kannst du sie ausführen, zum Beispiel: „Hänge die nassen Socken zum Trocknen auf den Wäscheständer."
Ebenso ist es beim Computer. Er führt Anweisungen aus, die eindeutig beschreiben, was er machen soll. Ein Code/Programm ist aus Anweisungen zusammengesetzt.

Schleife mit einer Bedingung
Eine Schleife lässt eine Folge von Anweisungen immer wieder ausführen. Zum Beispiel: „Hänge so lange Socken auf, wie noch Wäsche im Korb ist."
Die **Schleife** ist: „Hänge (wiederhole) so lange …"
Die **Bedingung** der Schleife lautet: „Ist noch Wäsche im Korb?"
Lautet die Antwort: „Ja!" werden in der Schleife **zwei Anweisungen** hintereinander ausgeführt:
1. Nimm ein nasses Stück Wäsche
2. Hänge das Wäschestück auf den Wäscheständer
Lautet die Antwort „Nein!", wird der Ablauf des Programms hinter der Schleife fortgesetzt: „Bringe den Korb ins Bad."

Endlosschleife
Eine Endlosschleife **besitzt keine Bedingung** und wird so lange durchlaufen, bis der Calliope mini ausgeschaltet wird.

Variable
Eine Variable ist ein Behälter für einen bestimmten Wert (Zahl, Wort, Bild oder etwas anderes), der am Anfang des Programms festgelegt wird.

Verzweigung mit einer Bedingung
Jede Verzweigung in einem Programm braucht eine Bedingung.
Die Bedingung entscheidet, mit welcher Anweisung das Programm fortgesetzt wird. Es gibt dafür zwei Möglichkeiten, zum Beispiel:
Bedingung: „Ist die Wäsche auf dem Wäscheständer noch nass?"

Verzweigung

Wenn ja, dann: „Warte eine Stunde."   Wenn nein, dann: „Nimm die Wäsche ab."

Liste
Eine Liste ist eine Sammlung gleichartiger Werte (Zahlen, Wörter oder Bilder). Jeder Wert hat in der Liste eine festgelegte Position.
Diese Position nennt man auch Index. Der erste Wert in der Liste bekommt den Index ‚0', der zweite den Index ‚1' und so weiter.
Über den Block „von der Liste nimm #tes" greift man auf einzelne Werte der Liste zu.

Die wichtigsten Funktionen des Calliope mini

In den **USB**-Anschluss steckst du ein Mikro-USB-Kabel, um den Calliope mini mit einem Computer zu verbinden.

Mit der **Reset**-Taste startest du das Programm auf dem Calliope mini neu.

Die **Statusleuchte** zeigt mit gelbem Dauerlicht an, wenn der Calliope mini an den Strom angeschlossen ist. Sie blinkt, wenn ein Code auf den Calliope mini übertragen wird.

Der **LED-Bildschirm** ist ein 5 x 5-Rasterfeld mit roten Leuchtdioden.

Das **Mikrofon** kann als Sensor die Lautstärke in der Umgebung messen.

Mit dem **Lautsprecher** kannst du Töne wiedergeben lassen.

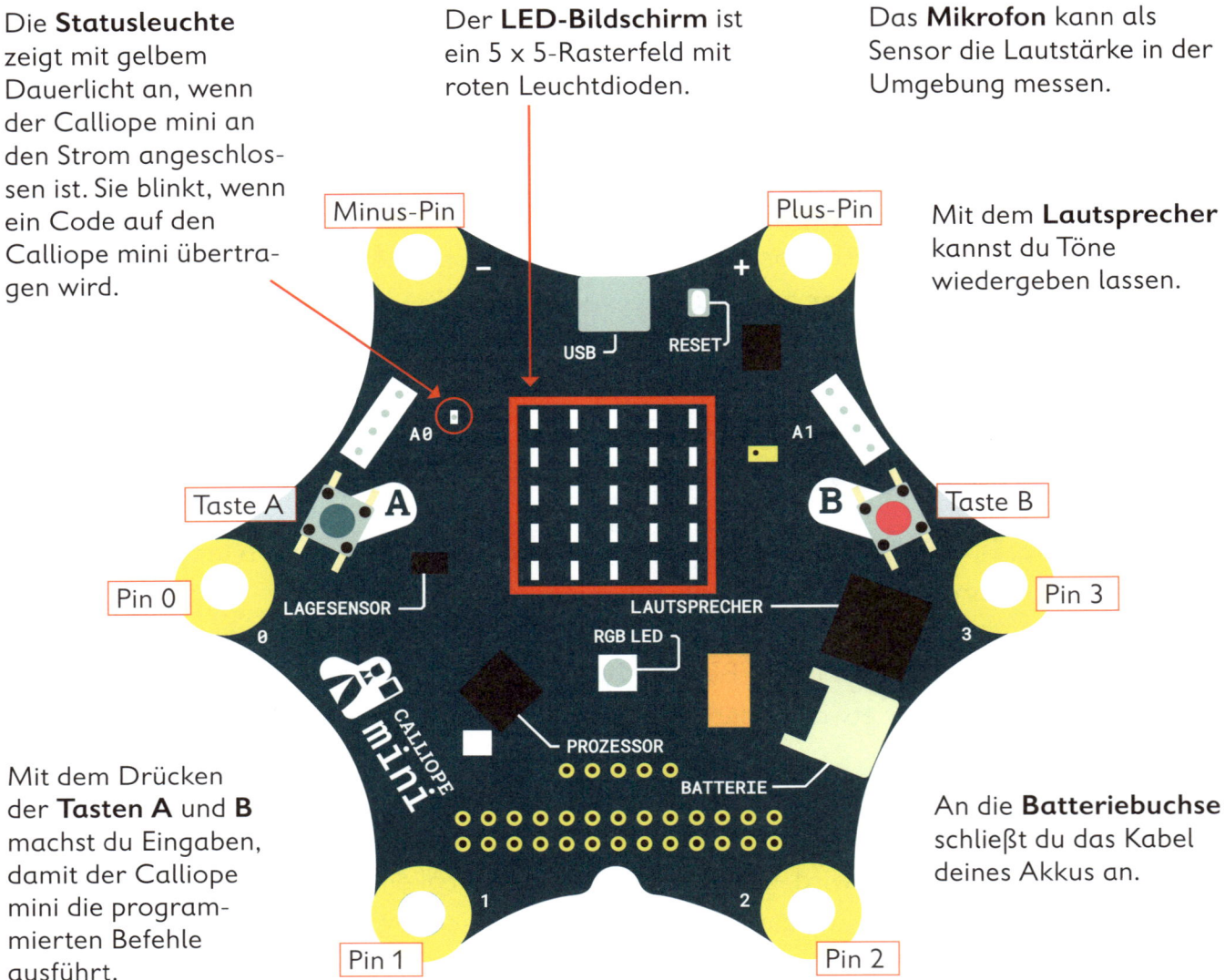

Mit dem Drücken der **Tasten A** und **B** machst du Eingaben, damit der Calliope mini die programmierten Befehle ausführt.

An die **Batteriebuchse** schließt du das Kabel deines Akkus an.

Mit dem Berühren der **Pins** 0, 1, 2 oder 3 kannst du ebenfalls Eingaben machen, damit der Calliope mini Befehle ausführt. Du musst hierbei gleichzeitig mit der anderen Hand den Minus-Pin (−) berühren.
An die Pins kannst du auch Sensoren (zum Beispiel Feuchtigkeitsmesser) und Aktoren (zum Beispiel LEDs) anschließen.

Der **Prozessor** ist das Herzstück des Calliope mini. Der Prozessor verbindet alle Funktionen miteinander und verarbeitet alle Informationen.

Mit dem **Lagesensor**, dem Beschleunigungssensor und dem Kompass kann der Calliope mini feststellen, in welche Richtung er sich bewegt, ob er auf dem Kopf steht, ob er liegt, ob er aufrecht ist, in welche Himmelsrichtung er gedreht ist oder ob er sich nicht bewegt.

Die **RGB-LED** kann in verschiedenen Farben hell blinken und leuchten.